TOFU

Textos aparte
TEATRO CONTEMPORÁNEO

Edita: Arola Editors
1a edición: Mrrzo 2025
© del texto: Carsten Ahrenholz
Diseño gráfico: Arola Editors
Imagen portada: *Les cuatro estaciones* de Giuseppe Arcimboldo
Impresión: Gràfiques Arrels
ISBN: 979-13-990097-5-0
Depósito legal: T 302-2025

Colección Textos aparte

Polígon Francolí, Parcel·la 3
43006 Tarragona
Tel.: 977 553 707
Fax: 902 877 365
arola@arolaeditors.com
arolaeditors.com

TOFU

Carsten Ahrenholz

AROLA EDITORS

PERSONAJES[1]

MARIO

GREGOR

RAQUEL

PEPE

SUSANA

LUCAS

MARGA

1 Las descripciones de los personajes están integradas en las acotaciones y los diálogos.

ESCENA 1

Se apagan las luces de la sala. En la oscuridad se escucha, desde lejos, el timbre de una casa. Silencio. Vuelve a sonar el timbre, un poco más alto. Silencio. Nuevamente el timbre, con más insistencia. Silencio. Un timbrazo largo, hasta que se escucha, a través de un interfono, la

Voz de Mario, *poco afable, después de aclarase la garganta*:

Sí

Voz de Gregor: Sí

Buenos días

Mire yo

Voz de Mario: Quién es

Voz de Gregor: Sí

Yo

Voz de Mario: Hola

Voz de Gregor: Hola

Sí

Vengo

Voz de Mario: Hola

Carraspea.

Voz de Gregor: Más alto
Oiga
Hola

Voz de Mario: Quién es

Voz de Gregor: Me oye
Es que vengo por
Oiga
El anuncio
El anuncio
La habitación

Voz de Mario: Joder

Cuelga.

Voz de Gregor: Me oye
Hola
Hola

Pausa. Se escucha nuevamente el timbre. Silencio. Otros timbrazos largos, hasta que se escucha la

Voz de Raquel: Sí

Voz de Gregor: Sí hola
Vengo por el anuncio
Por la habitación

Voz de Raquel, *casi simultaneo*:
Por la habitación

Voz de Gregor: Sí sí

Eso es

Se oye el sonido de un portero automático.

Gracias

Ya está

Gracias

Luz en el escenario, que está completamente vacío. GREGOR aparece con una bolsa deportiva muy grande y una maleta con ruedas. Tiene unos cuarenta años y viste una cazadora, vaqueros y calzado de deporte, todo algo desgastado. Se detiene en medio del escenario, mirando arriba y a su alrededor. Entra RAQUEL, con delantal y guantes de goma. Tiene casi cincuenta años, aunque parece bastante más joven. Lleva media melena. Tiene un pelo muy agradecido, rizado y casi sin canas. Se acerca quitándose el guante de la mano derecha.

Gregor, *saludando con la cabeza*:

Buenos días

Raquel, *sin estrecharle la mano*:

Hola

Gregor: Realmente grande

Esta casa

Pausa.

He llamado esta mañana

No sé si he hablado con

Raquel: Sí sí
He sido yo

Gregor: Raquel

Raquel: Exacto

Gregor: Gregor

Se dan la mano.

Raquel: Mucho gusto

Gregor: Cuando he tocado el timbre
Primero ha contestado un señor que
Creo que no me oía

Raquel: Sí
Aquí viven dos personas mayores
Uno no oye
Si no lleva audífonos
Casi nada

Gregor: Eso parecía

Raquel: Vienes
Bastante cargado ya

Gregor: Sí mire
La verdad es que
El precio me parecía razonable
La ubicación perfecta
Y no
No podía

Apartando la mirada.

Donde estoy
No

RAQUEL: Pero
Querrás ver la habitación primero
Supongo
Y nosotros
Nosotros también

GREGOR: Claro claro

Con referencia a su equipaje.

Lo he traído sólo
Por si acaso
Si no
Tampoco

RAQUEL: Por eso

MARIO cruza diligentemente el escenario, sin reparar en ninguno de los dos. Carraspea brevemente. Lleva una vieja caja de cartón en las manos. Tiene aproximadamente ochenta años, es de baja estatura y viste pantalones de pana ancha, un jersey de lana áspera y zapatos de calle, sólidos y cómodos.

Tú venías recomendado por

GREGOR: Bueno
De hecho
La persona que me habló del anuncio
Conoce a alguien
Que hace poco

Qué me dijo
Ah sí
Que me contó que
Que
Ay

RAQUEL: No te preocupes

Quitándose el otro guante.

Si te parece
Subimos
Te enseño las habitaciones
Y me lo explicarás mientras

GREGOR: De acuerdo

Se gira hacia su equipaje.

RAQUEL: No no
Tranquilo
Déjalo aquí
Aquí no pasa nada

GREGOR: Okay

RAQUEL*, saliendo con* GREGOR *del escenario***:**
Hay dos estancias preparadas
De momento
Una más pequeña y un poco oscura
Que sale mejor de precio
Y la otra
Bueno

Ya lo verás

Desaparecen. Tiempo.

Mario, *vuelve con una escalera de tijera. Lleva una bombilla en la boca. Abre la escalera y la coloca en el suelo. Se saca la bombilla de la boca, carraspea y, con desdén, se dispone a inspeccionar el equipaje de* Gregor. *Entre dientes*:

Me cago en la madre que lo parió

Mientras tanto ha bajado una lámpara apagada. Mario *rectifica la posición de la escalera, vuelve a sujetar la bombilla con la boca y sube. Aparece* Pepe. *Es de la edad de* Mario *y de complexión alta, delgada y frágil. Cruza el escenario, en calzoncillos, arrastrando el pantalón, que lleva en la mano. Los calzoncillos y el pantalón, manchados de excrementos. Se para un instante y alza el pantalón para evaluar la gravedad de su percance.* Mario, *sin reparar en la aparición de* Pepe, *mirando fijamente la lámpara, se saca la bombilla de la boca.*

Vaya peste a mierda

Pepe *sale del escenario.* Mario *desenrosca la bombilla vieja.*

Vaya peste

Enroscando la bombilla nueva.

Vaya peste a

La bombilla no se enciende.

Mierda

Grita.

Dale al interruptor cagón

Silencio.

No oyes

Que des al interruptor

Y abre la ventana joder

Pausa. Mientras MARIO baja la escalera, se enciende la lámpara. Los muros del escenario desaparecen en la penumbra. MARIO se queda nuevamente mirando la lámpara como si pudiera volver a apagarse en cualquier momento. Vuelve PEPE. Cruza el escenario, sin pantalón, con calzoncillos limpios y un rollo de papel higiénico en la mano.

Damos asco

Ya ves

PEPE: Qué haces

Desaparece. MARIO carraspea, sujeta la bombilla vieja con los labios, recoge la escalera y se va. Pausa larga.

GREGOR, *volviendo con RAQUEL*:

Es por eso

RAQUEL: Claro

GREGOR: Si no

Yo tampoco hubiese

Sabes

RAQUEL: Ya

Te entiendo
GREGOR: Entonces
No sé
Si quieres esperar
Habrá más interesados
Imagino
RAQUEL: Sí
No
Por mí
Si vienes recomendado como dices
Aunque sea de manera indirecta
Con eso

Soltándose los rizos con la mano.

Ya me vale
GREGOR: Entonces podría
Quedarme ya
RAQUEL: De acuerdo
Calculamos el alquiler proporcional
Hasta finales de mes
GREGOR: Perfecto
RAQUEL: La habitación pequeña entonces
GREGOR: Hombre
Pequeña tampoco es
RAQUEL: La más pequeña quiero decir
Y la comida
GREGOR: Media pensión

Raquel: Desayuno y cena

Gregor: Eso

Porque

Sin comidas

Raquel: Media pensión es lo mínimo

Aquí nadie puede utilizar la cocina

Sabes

Tenemos cocinera

Ella lo prepara todo

Comida vegetariana

Basada en la dieta macrobiótica

Te lo he dicho

Verdad

Gregor: Sí sí

Y me parece muy bien

Raquel: Tú

Carne

No comes

Gregor: Yo

Carne

Raquel: O sea

Proteína animal en general

Gregor: Animal

Raquel: Sí

Huevos

Productos lácteos

Leche queso yogures
Aquí tomamos kéfir
Es lo único
Hecho por nosotros
Con leche ecológica
A veces de vaca
A veces de cabra

GREGOR: Qué bueno

RAQUEL: Luego nada
O casi nada
De
Patatas tomates berenjenas pimientos
Evitamos el azúcar
Sólo un poco de miel
Poca sal
Nada de alcohol
Y todos los productos de agricultura ecológica
Ya verás

GREGOR: Muy bien

RAQUEL: En el desayuno tomamos
Fruta primero
Luego té y porridge
Hechos con agua purificada
Porridge de avena cuando haga frío
Y de una mezcla de cereales más ligeros
En las épocas cálidas

Vale

Mario ha vuelto a aparecer con la caja de cartón y cruza el escenario, esta vez en dirección opuesta, sin mirar a nadie. Finge no ver el equipaje. En el último momento lo rodea resoplando y sacudiendo la cabeza. Sale, carraspeando.

Gregor: Bien

Raquel: Desayuno y cena

Gregor: Desayuno y cena

Debajo de la lámpara aparece una mesa de comer enorme.[2]

Raquel: Aquí tienes las llaves

Ésta para la verja

Ésta para la entrada

Ésta para la habitación

Gregor: Gracias

Entonces

Raquel: Ya puedes subir tus cosas

Gregor: Estupendo

Coge su equipaje.

---

2 Los momentos en que la aparición o desaparición de elementos escenográficos repercute en los personajes son muy escasos y pueden ser, fácilmente, suprimidos —de hecho, para la puesta en escena no se necesita mucho más que esta mesa de comer y sus sillas—. Este sería un procedimiento sencillo en un teatro que no dispone de la tramoya necesaria para mover los elementos. Otra posibilidad sería la intervención de tramoyistas y/o actores inactivos.

Raquel: El horario de desayuno es de siete a nueve
aproximadamente
El día que quieras comer
A las dos en punto
Lo pagarías aparte a finales de mes
La cena
A las ocho y media

Gregor: Muy bien

Silencio breve.

Pues nada
Gracias Raquel

Se va.

Mario, *entra, simulando indiferencia*:
Has visto

Raquel, *vuelve a ponerse los guantes*:
Qué

Mario: La luz

Raquel: Es verdad

Comienza a traer sillas.

La has arreglado tú

Mario: Quién si no

Carraspea.

Raquel: Ahora tenemos un hombre más joven en casa
Se llama Gregor
Alguna objeción

Mario se da la vuelta y se va. Raquel sigue colocando sillas.

Mario, *vuelve al cabo de un rato*:

Qué

Ahora vamos a llenar esta mesa con gente de la calle

A partir de ahora

Cualquier gilipollas podrá sentarse en esta mesa

Por dinero

Sólo por el puto dinero

Dais asco

Me dais asco todos

Vuelve a salir.

Raquel: Todos somos gente de la calle

Con qué requisitos tenía que cumplir yo

Ser joven

Joven

Independiente

Atractiva

Sí

Eso también ayudó verdad

Y un poco perdida

Bastante perdida

Igual que este chico

No veo la diferencia

La verdad

MARIO, *entrando*:
No tenías un duro

RAQUEL: Me puse a trabajar en lo que hacía falta

MARIO: Participaste por convicción
Nadie te pidió nada
Nadie te cobró nada por quedarte

Sale.

RAQUEL: Acaso quieres
Que actúe con este chico
Como tú conmigo en aquel entonces
Por favor
Mario
No me hagas repetir siempre lo mismo
Mario
Si queremos mantener esta casa
O la alquilamos entera
O la alquilamos por partes
Tú eliges
Si no

MARIO, *entrando*:
Si no qué
Me echaréis
Nos echaréis
A mí y a Pepe
De esta casa

De esta casa que hicimos él y yo
Ese cagón y yo
Él poniendo la pasta
Y yo la cabeza

Sale.

RAQUEL: Mario
Por el amor de Dios

MARIO, *entrando*:
Cómo
Qué has dicho
Acabas de pronunciar una palabra que
No se ha pronunciado nunca en esta casa
Hasta aquí hemos llegado

Saliendo.

Hasta aquí
Hemos
Llegado

RAQUEL: Qué palabra
Amor

MARIO, *entrando*:
No

Carraspea.

Dios

Sale. Vuelve a entrar.

Lo sabes perfectamente

Amor

Carraspea.

Aquí

Carraspea.

No ha faltado nunca

Sale.

RAQUEL: Ah no

Amor

Aquí

No ha faltado nunca

MARIO, *desde fuera*:

Jamás

RAQUEL, *colocando la última silla*:

No

MARIO, *entrando*:

No qué

RAQUEL, *lo mira. Sacude la cabeza*:

No

Hace tiempo que

Se interrumpe.

Dejémoslo

Lo sabes perfectamente

MARIO, *carraspea*:

Qué hay hoy de comer

RAQUEL: Ahora te lo digo

*Sale. MARIO se queda un tiempo solo en el esce-
nario. Da unos pasos, las manos cruzadas detrás
de la espalda, mirando alternativamente el suelo y
la mesa de comer. Vuelve RAQUEL, con gafas y una
hoja de papel.*

Mira
Primero crema de zanahoria apio y trigo sar-
raceno
Luego pinchitos de tempeh con quinua y en-
salada
De postre

MARIO: No quiero postre

Carraspea.

RAQUEL: De postre compota de manzana
MARIO: Bueno
Compota de manzana sí que voy a comer
RAQUEL: Si no
Tómate una infusión
MARIO: También

Carraspea.

RAQUEL: De llantén
Que ayudará a sacarte eso de la garganta
MARIO, *carraspea***:**
Eso
RAQUEL: Si quieres te la preparo yo

Salen los dos en direcciones opuestas. Al cabo de un tiempo entra Pepe *con un periódico y unas gafas de lectura, que lleva colgando de una cinta. Se sienta en un extremo de la mesa, se pone las gafas y empieza a leer. Viste ropa formal de manera informal, pasada de moda y demasiado grande. Parece haberse encogido él en vez de su ropa. Se nota que, de más joven, le gustaba darse aires de bohemio. Calza zapatillas de estar por casa.*

Susana, *entra con un paño en la mano. Lleva el pelo recogido y viste ropa sencilla y moderna*:

Hola Pepe

Empieza a pasar el paño por la mesa.

Pepe, *levanta la vista*:

Hola Susana

La sigue mirando.

Cómo estás

Susana: Has tomado tu medicación

Pepe *alza el periódico para ayudar a* Susana.

No no tranquilo

No te preocupes

Pepe: Qué hay de comer

Susana: Crema de zanahoria

Pinchos de tempeh

Y compota de manzana

Pepe, *sigue mirando cómo limpia la mesa*:

Una mesa tan grande
Para tan poca gente

SUSANA, *acabando de limpiarla*:
De todas formas
Hoy habrá alguien más

PEPE: Quién vendrá

SUSANA: No
Ya está aquí
Tenemos un inquilino

PEPE: Ah
Quién es

SUSANA: No sé
Mi madre dice que se llama Gregor

PEPE: Es de fuera
Lo normal es Gregorio
Aquí al menos

SUSANA: No
Parece que no
Parece que es de aquí
Bueno
Voy a la cocina

Sale.

PEPE: Perfecto Susana

Vuelve a sumergirse en la lectura del periódico. Tiempo.

GREGOR: Entra

Hola

PEPE, *le mira. Inclina la cabeza*:

Hola

Sigue leyendo. GREGOR se queda un momento espe-rando. Indeciso, acaba por salir. Tiempo.

RAQUEL: Entra

Te estaba buscando

Se sienta cerca de PEPE.

Mira

Hay una primera persona que

PEPE: Ya

Ya lo sé

Me lo ha dicho tu hija

RAQUEL: Se llama Gregor

PEPE: Lo sé

RAQUEL: Me sabe mal

PEPE: Qué te sabe mal

RAQUEL: Todo me sabe mal

Me sabe mal ver

Cómo se está acabando todo

Y me sabe mal

No saber qué hacer

Cómo actuar

PEPE: Se está acabando todo

Verdad

Lo ves así

GREGOR, *entrando*:
        Ah Raquel
        Una pregunta
RAQUEL: Luego
        Te importa
GREGOR: Vale
        Ningún problema
        Sólo era por saber
        Cómo va la lavadora
RAQUEL: Luego
        Luego te lo enseñaré
        Vale
GREGOR: Okay
    Se va.

PEPE: Come carne
RAQUEL: Cómo
PEPE: Si come carne
        Pregunto
RAQUEL: Dispersa
        Ah
        No
        Parece que no
        A lo que iba
        Ah sí
        Pues
        Ya sabes

Yo los tengo a todos en mi contra

PEPE: A todos no

RAQUEL: Pepe
A quién no
Aparte de
Quién queda
Cada vez somos menos
Y de los pocos que quedan
Cada vez
Algunos se están haciendo
Con un poquito más de poder
Es gente joven
Ellos piensan en el futuro
En un futuro más lejano
En su futuro
Es lógico por una parte
Por otra
Desde que tenemos el patronato
Por muy alternativos que nos hemos creído siempre
Pues
De repente hay reuniones
Reuniones con abogados
Y cada vez con más abogados
Y a mí
Me agobia todo esto

Yo manejo bien los números
Los artículos legislativos no
Al fin y al cabo
Cada uno piensa en su provecho
Y lo que hemos vivido aquí
La comuna
Parece una farsa de repente

PEPE: La hemos vivido durante mucho tiempo

RAQUEL: Sí
Yo
Treinta años

PEPE: Fuiste de las primeras que se embarcó

RAQUEL: Hasta ahora ha sido mi vida la comuna
La asociación
Pero desde que la convertimos en fundación
No sé
Para ahorrar impuestos
Por nada más

PEPE: Para poner a salvo el patrimonio
Pero tienes razón
Por la puta pasta
Porque ahora ya no queda nada
Lo invertí todo

Entra SUSANA.

RAQUEL, *la mira y sonríe, mientras responde a PEPE*:
Por eso

Susana: Ha llamado Lucas
Vendrá a cenar

Raquel: Bueno
Comemos

Susana: Ya está todo

Sale.

Pepe: Es un encanto
Tu hija

Raquel: Sí que lo es

Poniendo un instante la mano encima de la suya.

Gracias

En algún momento ha aparecido una pared con grandes ventanas y una puerta de cristal, en el fondo del escenario. Esta pared se complementa ahora por otra con una puerta de madera, que delimita el comedor por el lado derecho.

Pepe*, siguiendo el proceso con la mirada***:**

Curioso todo eso

Raquel: Bueno
Y ahora

Se suelta los rizos.

Tenemos un inquilino
Y espero
Que habrá muchos más
Porque si no

Nos tenemos que marchar todos de aquí

PEPE, *mirando el periódico, indiferente*:

Ya sabes que a mí

No me sacarás de aquí

A no ser con los pies por delante

RAQUEL: Porque estamos obligados a mantener esta casa

Sea como sea

Y los del patronato quieren que se alquile entera

De hecho ya les ha salido un posible arrendatario

Una escuela privada

De pedagogía activa

Alternativa

Así que

PEPE: Nada

RAQUEL: No

Nada no Pepe

Soy yo quien se está enfrentando a todos

Para que eso no pase

Y Mario no hace otra cosa que echarme pestes

Me trata como una traidora

Y eso que sólo trato de salvarle

De salvaros a él y a ti

A los dos

PEPE: Se ha vuelto loco
Hace tiempo que

RAQUEL, *interrumpiéndole*:
Eso es muy fácil
Es muy fácil decir esto
Se ha vuelto loco
Y ya está
Pero es quien es
Y sobre todo
Quien ha sido
Para todos nosotros

Silencio breve.

Y para ti más que a nadie

Silencio breve.

Si lo piensas
Él ha marcado toda tu vida
De principio a fin
Sin él

PEPE, *se levanta bruscamente, con dificultad*:
Tengo que ir al baño

Sale deprisa.

RAQUEL, *mirando arriba*:
Dios

Se tapa al instante la boca con la mano.

SUSANA, *entra con cinco platos*:

Qué haces

RAQUEL: Baja la mano

Te ayudo

SUSANA: No

No hace falta

Empieza a poner los platos.

RAQUEL, *doblando el periódico*:

Cinco platos

Por qué cinco

No has dicho que vendrá a cenar

Lucas

SUSANA: Sí pero

El de la habitación

El inquilino

RAQUEL: Él sólo cena

Desayuna y cena

El día que se quede a comer

Avisará y se lo

Se estira de brazos y bosteza.

Se lo cobraremos aparte

SUSANA: Ah vale

No me lo habías dicho

Quita un plato. Al salir se cruza con GREGOR. Casi imperceptible.

Hola

Gregor responde con una breve sonrisa, saludando con la cabeza.

RAQUEL, *le mira*:

>La lavadora

Se levanta, apoyándose con ambas manos en la mesa.

>Vamos

Sale con Gregor. Tiempo.

MARIO, *entra, mira su reloj de pulsera y se sienta a la mesa. Carraspea y, mirando el plato, empieza a cantar un tango. Tiempo. De pronto, da fuertes golpes en la mesa*:

>Es

>La

>Ho

>Ra

Se apagan las luces. Telón.

ESCENA 2

El escenario ha perdido su aspecto provisional. El comedor está completado por la pared del lado izquierdo —con una apertura que da a un pasillo o recibidor—, un suelo de madera o baldosas, el techo, persianas, etc. Así y todo, el ambiente sigue siendo austero y funcional. Las entradas y salidas estarán determinadas, a partir de ahora, por estas tres aperturas: la de la izquierda; la puerta de cristal al lado de las ventanas; y la puerta a la derecha, que da a la cocina. La mesa y la lámpara siguen en la misma posición. Detrás de las ventanas arbustos, que insinúan un jardín de grandes dimensiones o un parque. Es octubre y fuera ya ha oscurecido. Entra Susana *por la puerta derecha. Lleva seis platos y empieza a poner la mesa. Trae los cubiertos, vasos, dos garrafas de agua, etc. Mientras tanto.*

Gregor, *entra desde la izquierda*:

      Hola

Susana: Hola

Gregor: Ya es la hora

Susana: Sí casi

Sale.

Gregor, *indeciso*:

Puedo ayudar en algo

Susana: Desde la cocina

No gracias

O sí

Entra con un gran florero, lleno de flores otoñales.

Mira

Pon esto

Sale. Gregor coloca el florero en la mesa.

Mario, *entra desde el jardín. Lleva chándal*:

Qué hay

Saca un estuche con audífonos del bolsillo y se los pone.

Qué hay de cenar

Susana, *vuelve con dos cestas de pan*:

Sopa de miso

Ensalada de escarola con ajo granada y tofu ahumado

Y sorbete de arándanos

Sale.

Mario, *guarda el estuche. Mirando a Gregor, las manos en los bolsillos y balanceándose sobre las puntas de los pies*:

> Por la noche
> Ligerito

Imita un saludo militar inesperado y sale por la izquierda, carraspeando.

Susana, *desde la cocina*:
> Has hecho ejercicio

Gregor: Ya se ha ido

> *Pausa.*

Lucas, *entra desde el jardín. Es de la edad de* Susana. *Lleva barba. Viste cazadora de cuero y botines de suela dentada*:
> Muy buenas

Gregor: Hola

Susana, *entra desde la cocina*:
> Lucas

Le da un fuerte abrazo.

> Me alegro de verte
> Cada vez te vemos menos por aquí

Lucas: Estás estupenda

Susana: Tú también
> Ven

Los dos desaparecen en la cocina y cierran la puerta. Pausa.

Raquel, *entra desde la izquierda y echa un vistazo a la mesa*:

Faltan servilletas

Desapareciendo en la cocina.

Lucas
Qué tal

Cierra la puerta. GREGOR se acerca a las ventanas y mira afuera. Pausa extremadamente larga, mientras se escuchan las voces y risas desde la cocina. PEPE entra desde la izquierda, con un periódico. Se sienta a la mesa, aparta el plato para poner el periódico, se pone las gafas y empieza a leer. GREGOR lo observa y se sienta también. PEPE levanta un instante la vista y sigue leyendo.

GREGOR, *con voz un tanto descontrolada*:

Aquí se cena siempre a la misma hora verdad

PEPE: A las ocho y media
Siempre
Siempre igual
Es bueno cenar siempre a la misma hora

Pausa.

GREGOR, *refiriéndose al periódico*:

Menudo escándalo
Aquello de la Casa Real
Hasta allí

PEPE: No
Desde allí
Desde allí para abajo

A través de todas las clases sociales y políticas
Dinero
Sólo hablan de eso
De cifras

Pasando páginas.

Política sociedad educación cultura deporte
Sólo hablan de dinero

Cierra el periódico y lo dobla cuidadosamente.

Es muy aburrido

GREGOR: Usted también come aquí
Pregunto
Porque yo
Yo sólo tengo media pensión
La comida va aparte

PEPE, *le mira*:
Comes carne
Pregunto
Porque aquí
Aquí comemos comida vegetariana
Basada en la dieta

GREGOR, *rápido*:
Macrobiótica
Ya lo sé
Y me gusta
Me gusta la comida vegetariana

Y yo

Alguien abre la puerta de la cocina.

La carne

PEPE: Ante todo

Es una cuestión de salud

De salud y de sentido común

La puerta de la cocina vuelve a cerrarse.

Es mucho más saludable

MARIO, *vuelve desde la izquierda. A* GREGOR**:**

Ahí se sienta Raquel

GREGOR se sienta en la silla de al lado.

Y ese es mi sitio

GREGOR se sienta en otra silla. MARIO se sienta. Mirando a PEPE.

Qué

Carraspea.

PEPE: Me pregunta si tengo media pensión

MARIO: Quién

Mira a GREGOR.

GREGOR: Gregor

Mi nombre es Gregor

MARIO, *a* PEPE**:**

Cómo se llama

PEPE: Gregor

Como Gregorio
Pero sin io

MARIO: Y te pregunta si tenemos media pensión

Ríe brevemente.

Media pensión
Bed and breakfast

Carraspea.

Muy bueno
A tomar por saco

A GREGOR.

Nosotros somos aquí
Los últimos gilipollas
Los capitanes que no abandonan el barco
Aunque tan sólo queden cuatro ratas

Se levanta. Poniendo las manos en los hombros de PEPE.

Y éste
A este hombre
Yo
No lo voy a abandonar nunca
Nunca
Pase lo que pase

Dándole golpes en el hombro.

Porque este hombre
Este hombre sí que es un amigo

Un amigo con mayúsculas
Vuelva a sentarse.

Todo lo demás
Son gilipolleces
Carraspea. Mirando a PEPE.

Y ahora
Ahora nos tratan a nosotros como ratas
Y ellos se ponen de capitanes
Capitanes de un barco
Carraspea. Buscando la expresión apropiada.

De un barco
A la deriva
Mira sus manos encima de la mesa. Pausa. Levanta la mirada, carraspea, y mira a GREGOR.

GREGOR, *incómodo*:
Y esta casa
Cuántas habitaciones tiene
MARIO: Mira
Te lo puedo decir exactamente
Porque esta casa
La hice yo
GREGOR: Eres arquitecto
MARIO: Soy constructor
Y él
Refiriéndose a PEPE.

Es mi socio
Mi socio financiero

GREGOR: Y por qué una casa
Tan grande

PEPE se levanta, aparatosamente, y sale deprisa por la izquierda.

MARIO, *siguiéndole con la mirada*:
Pobre hombre

A GREGOR.

Tiene incontinencia
Se caga encima vamos
Y a mí me falla el oído
Y la memoria

GREGOR, *más alto*:
Decía que
Por qué esta casa
Es tan grande

MARIO: Hombre porque
Éramos muchos

Carraspea.

Y cada vez más
Los que se quedaron tuvieron hijos
Los hijos crecieron
Y

Se queda callado.

GREGOR: Y tú
Tienes hijos

MARIO, *rápido*:
Un montón
Todos los niños que nacieron aquí
Soy el hombre más fértil del mundo

Carraspea.

Follábamos cuándo y cuánto nos daba la gana
El hombre
El hombre varón
Tiene que vaciarse con regularidad
El semen estancado
Te pudre

Mirando a GREGOR.

Aquí follábamos mucho
Tú no sabes nada
De la comuna
De la asociación
De la fundación

GREGOR, *sacude la cabeza*:
No
Nada

MARIO: Estás aquí sólo
Por el dinero

GREGOR: Pago el alquiler

Alquiler y media pensión

Sí

MARIO: Ya

Y piensas que nosotros

Que nosotros también

Y lo dices

Y me miras a la cara

Se levanta riéndose. Al pasar por detrás de GREGOR le pone las manos encima de los hombros y le sacude levemente.

Eso está bien hombre

Eso está bien

Le da golpecitos en el hombro. Entra en la cocina y cierra la puerta.

GREGOR, *enlaza las manos detrás del cogote. Hacia arriba, casi inaudible*:

Dios

Tiempo. Vuelve PEPE desde la izquierda, se sienta y consulta su reloj. GREGOR consulta el suyo.

Las nueve menos veinte

PEPE: Sí

Hoy

No sé qué pasa

Vuelve a desdoblar el periódico.

GREGOR: Ha llegado un tal Lucas

PEPE: Lucas

Será por eso

MARIO, *vuelve. Cierra la puerta de la cocina, carraspeando. A PEPE*:

Está Lucas

PEPE: Y

MARIO: No sé

Vuelve a sentarse.

No sé qué quiere

Carraspea.

Hablan

Pero no hablan conmigo

Ya no hace falta

Pobre idiota

Piensan

Decrépito

Mirando el ramo de flores.

Has tomado tu medicación

Has hecho tus ejercicios

Llevas tus audífonos

Preguntan

Y a tomar por saco

Gilipollas

Carraspea fuertemente.

PEPE: Yo

Hoy
No he hecho mis ejercicios

MARIO, *a* GREGOR:

Su gimnasia sabes
Se le escapa
Tiene incontinencia

A PEPE.

Vaya mierda
Yo sí los he hecho

LUCAS, *entra con Raquel y Susana desde la cocina. Se dirige a Pepe para saludarle. Éste, con dificultad, medio se incorpora*:

Pepe

Le da un abrazo rápido. Mirando a GREGOR.

Hola

GREGOR: Ya nos hemos saludado

LUCAS, *a* MARIO:

Qué

MARIO: Has venido a jodernos la cena
Son las nueve menos cuarto

LUCAS, *a* PEPE, *con una sonrisa de complicidad*:

Siempre igual
Siempre igual de simpático

PEPE: No
Cada vez más
No es de extrañar que os fuerais todos

RAQUEL: No empecemos
Hoy
Lucas ha venido con una propuesta
Vale

LUCAS: A decir verdad
Más que con una propuesta
Con un ultimátum
Un ultimátum que nos ponen a nosotros
Y por lo tanto
Tenemos que decidir alguna cosa

MARIO: Ya está todo decidido
No hace falta decidir nada más

LUCAS: Muy bien
Pero ahora
Pronto llegará el invierno
Y ya sabéis qué significa tan sólo
Calentar esta casa

MARIO carraspea.

Con qué pagamos
El gasóleo el agua la luz
El teléfono
Los continuos arreglos
El mantenimiento del jardín
Os habéis fijado cómo está el tejado
Es imposible
Es imposible asumir todo esto

PEPE, *suave*:

> Y por qué no volvéis todos
> Cerramos la oficina de la ciudad
> Y volveremos a vivir todos juntos
> Como antes

Silencio breve.

> Acabo de decir una idiotez como una catedral
> Pero bueno

LUCAS: La oficina aquí no tendría ningún sentido
> La fundación necesita una representación en la ciudad
> Esto está claro

GREGOR, *a SUSANA, aparte*:

> Una pregunta
> A qué se dedica esta fundación exactamente

SUSANA le pide por señas guardar silencio.

MARIO, *carraspea*:

> Y el ultimátum
> Qué ultimátum coño

Carraspea.

LUCAS: Sabéis que
> Llevamos mucho tiempo buscando una solución
> Una situación sostenible

MARIO, *a PEPE*:

> Somos insostenibles

	Lo oyes
	Ahora resulta que lo somos nosotros
Lucas:	Sostenible económicamente
	Lo siento
	Es así
	Aunque vaya
	Aunque va
	Diametralmente opuesto a los valores que defendimos aquí
Pepe:	Defendemos
Lucas:	Defendemos perdona
	Los valores que me inculcasteis desde pequeño
	Que forman parte de mí como
	Mis ojos
	Mis manos
	Mis cinco sentidos
	Pues
	Lo que apremia ahora es la puta pasta
	Todo depende de eso
	De eso depende si este barco se mantiene a flote
	O si se hunde
	Definitivamente
	No podemos agarrarnos al pasado
	Estamos listos si nos agarramos al pasado

Mario se ha puesto en la ventana, los brazos cruzados, mirando afuera. Carraspea de cuando en cuando.

	Ahora se trata de ser realistas
Mario:	Lo hemos sido siempre
Lucas:	Obviamente

No digo que no

Pero nuestra realidad

Ahora

Aquí y ahora

Es muy diferente

Antes no teníamos competencia

Éramos los únicos

Los únicos en todo el país que luchaban por introducir

La agricultura ecológica

Las energías renovables

El comercio justo

La banca ética

La medicina alternativa

Todas estas ideas nuevas y absolutamente necesarias

Ahora en cambio

Todo el mundo está hablando de esto

Hemos conseguido convencer a la gente

Concienciarla

Cambiar sus hábitos
Crear una demanda enorme
Y un mercado
Un mercado que ahora
Nos devora
Nos devora
Nos escupe
Y al que el pasado le importa un rábano

PEPE, *mirando la portada del periódico*:
Yo ya no quiero saber nada de todo eso

LUCAS: Y es allí donde tenemos que mantenernos
Desgraciadamente
Al fin y al cabo
Lo hemos creado nosotros
Este mercado existe gracias a nosotros
No somos víctimas
Y si las somos
Las somos a causa de nuestra propia actuación
Acabamos por convencer a mucha
A muchísima gente
Y
El día que se muera este proyecto
Se muere ciertamente de
Éxito

MARIO: Una mierda
El dinero a nosotros nos importaba una mierda

RAQUEL: No perdona
Los números los llevo yo
Y los he llevado siempre
De manera muy estricta y concienzuda
Otra cosa es que a ti no te hayan interesado
nunca

SUSANA, *aparte, a* GREGOR**:**
Es que mi madre
Siempre ha llevado la contabilidad

PEPE coge el periódico, se levanta y avanza hacia la izquierda.

MARIO, *se gira***:**
No te vayas cagón
No me dejes sólo con esta gentuza

PEPE responde con un gesto despectivo de la mano y desaparece.

RAQUEL: Mario
Haz el favor y

MARIO repite el saludo militar, carraspeando.

LUCAS: O sea que
La asociación defendía ideas
Ideales y valores
Que con el tiempo
Recalaron en muchos sectores de la sociedad
Y la propia asociación

Se quedó en una situación
Cada vez más incierta y débil

RAQUEL: Por eso decidimos convertirla en fundación
Porque si no

Pausa.

LUCAS: Si lo piensas
Los tiempos realmente buenos
Los tiempos dorados
Fueron los de la lucha
Cuando nadie quería saber nada de nosotros

MARIO: Bla bla bla

SUSANA: Éramos niños Lucas y yo
Fue nuestra infancia

MARIO: Bla bla bla

LUCAS: Basta Mario

MARIO: Bla bla bla

Carraspea.

LUCAS: Te molesta que tengamos buenos recuerdos de nuestra infancia

RAQUEL: No le hagas caso

LUCAS: No debería molestarte

SUSANA: Entonces
Qué pasa con aquello que has dicho
Lo del ultimátum

MARIO, *se ha puesto detrás de GREGOR. Le pone las manos encima de los hombros*:

Este pobre hombre necesita comer
Lo ha pagado
Tiene hambre
Y lo único que le dais es
Bla bla bla bla bla

LUCAS: Pepe se ha ido

MARIO: Y qué
Quieres que me vaya yo también

LUCAS: Si todo te parecen gilipolleces

MARIO: Me vas a echar tú
Lucky
Me vas a echar tú
Niño
Te he visto nacer
Estúpido
Y ahora me vas a echar
Y a Pepe también
Tu infancia dorada
Tu infancia dorada me la suda
Imbécil

A GREGOR.

Ya ves amigo
Ya ves en qué te has metido

Empieza a sacudir a GREGOR.

Di algo joder

Di que tienes hambre
Di que quieres comer
Di que quieres follar
Di que quieres carne coño
O ríe

Sacudiéndole cada vez más fuerte.

Ríe al menos
Ríete
Ríete
Ríete de todo
Ríete de todos
Desgraciado

Empieza a reírse como enloquecido.

RAQUEL, *grita*:
Basta Mario
Basta

Silencio. MARIO se pone en posición de firmes y canturrea una marcha militar. Imitando un torpe paso de parada, se aleja poco a poco. Desaparece por la izquierda. Silencio. A GREGOR

Lo siento

GREGOR, *tocándose brevemente la nuca*:
No no tranquila
No pasa nada

LUCAS: Sí

Sí que pasa
Algo tenemos que hacer
Eso no puede continuar así
Y resulta que ahora
Tenemos una oportunidad única
Para resolver todo esto
Aquella escuela encajaría a la perfección con nuestro proyecto
Con nuestra filosofía
Con nuestra misión
Porque una fundación sin todo esto
No sería más que una farsa
Una tapadera
Un engaño

Mirando a SUSANA y RAQUEL.

Qué será de nosotros si no llegamos a un acuerdo con esta escuela
Os habéis puesto alguna vez a redactar un currículum
Yo no sabría ni qué poner
Siempre hemos formado parte de la comuna
Yo al menos soy incapaz de contemplar la posibilidad de estar fuera de ella
Aunque ahora ya no vivo aquí

SUSANA: Nos tendríamos que marchar todos
RAQUEL: La escuela ocuparía todo el edificio

Utilizarían la cocina
Tendrían esta sala y la de al lado de comedores
Y un montón de aulas
Y el jardín como patio
Sería muy fácil
Además
Necesitarían una cocinera
Una cocinera y una contable
Y Lucas se quedaría en la oficina
Ya han dicho que les encanta la idea de la dieta
macrobiótica
Y pagan bien
Es un colegio privado

SUSANA: Y los viejos

Qué

GREGOR: Y yo

Que acabo de alquilaros una habitación

SUSANA: Tú

De conserje

*Ríe. Vuelve MARIO con paso de parada, llevando una
pistola en alto.*

RAQUEL: Mario

MARIO: Lo

He

Oí

Do

To

Do

Apunta a los cuatro en la mesa.

Quietos

Aquí no se mueve nadie

El primero que se mueva

Tira un disparo al techo. Las mujeres lanzan un grito agudo.

Puede que me falle la memoria

La puntería

Jamás

SUSANA: Mario

Por favor

Tenemos que cenar

La sopa

Ya tendré que recalentarla

RAQUEL: Sí

Venga

Va

Vamos a traer la cena

Se nos está haciendo muy tarde

Se levanta y se acerca lentamente a MARIO, que ahora apunta a ella.

Hay sorbete de arándanos

Susana se ha pasado horas en la cocina

Porque sabe
Que te encanta

MARIO: Quieta
Manos arriba

RAQUEL, *suave***:**
Vamos
Mario
Luego
Si quieres
Volveremos a jugar
Como antes
Subiré contigo
Y jugaremos como antes
Como hace años
Como hace muchos años
Como hace muchos años no jugábamos

MARIO se pone la punta de la pistola en la sien.

No hagas esto
Tonto
Jugaremos
Jugaremos a que todo sea como antes
Como siempre
Como ha sido siempre

MARIO: No te acerques más

RAQUEL: Te lo suplico
Mario

Se queda inmóvil, mirándole.

    No es sano cenar tan tarde

MARIO: No soy

    Un niño pequeño

RAQUEL: No

    Eres grande Mario

    Muy grande

    Y haces cosas

    Cada vez más extrañas

MARIO, *baja la pistola*:

    Quiero sorbete de arándanos

    Y luego

    Jugar

    Prometido

RAQUEL: Prometido

MARIO desaparece por la izquierda. RAQUEL respira hondamente.

LUCAS, *acercándose*:

    Era falsa

    La pistola

    Espero

    Verdad

RAQUEL, *a punto de llorar*:

    No sé

SUSANA: Siempre le han gustado

    Las armas

LUCAS, *señalando un punto en el techo*:
>   Mira

> *SUSANA y GREGOR se acercan también.*

>   No me lo puedo
>   Creer

RAQUEL: Te quedas a dormir Lucas
>   Por favor
>   Quédate
>   Si no no pegaré ojo en toda la noche

SUSANA: Mirando al techo
>   Dios

> *Se apagan las luces. Telón.*

ESCENA 3

El mismo decorado. La mesa, vacía. Es de noche. Por las ventanas entra la luz tenue de la luna.

RAQUEL, *entra por la izquierda, vestida con un negligé japonés y medias. Va descalza. Cruza el escenario y entra en la cocina, dejando la puerta entreabierta. Enciende la luz, que se refleja en el escenario. Vuelve con un vaso de agua y se sienta en una silla. Sube las puntas de los pies a otra silla, agarrándose como si tuviese frío. Ensimismada, tomando de vez en cuando un trago de agua:*

Qué sucia

Qué sucia

Nunca me he sentido tan sucia

Todo pervertido

Perverso

Lo razonable

Lo práctico

Lo bueno para todos

Pausa.

Instintos de supervivencia
Supongo

Pausa.

Es verdad lo del currículum
Es verdad
Qué haríamos
De qué

Entra Lucas por la puerta del jardín. Va vestido como antes.

Mira
Ahora mismo estaba pensando en ti

Lucas, *se quita la cazadora*:
Qué

Raquel: Qué haces allí afuera
A estas horas

Lucas, *se sienta*:
Y tú

Raquel: Acabo de bajar

Lucas: Ya

Raquel: Te parece mal

Lucas, *se estira y apoya el cogote en las manos*:
La verdad es que
Me da por culo sabes
Afortunadamente yo ya no vivo aquí

Silencio.

       Qué llevas ahí

       Debajo

RAQUEL, *se pone de pie y se desata el negligé. Lleva un corsé con ligas. Gira una vez en torno a sí misma, vuelve a cerrarse el negligé y a sentarse como antes. Bosteza, frotándose lo pies. LUCAS se levanta y le pone la cazadora encima de los hombros*:

       Gracias Lucky

LUCAS: Lucky

Se sienta en el borde de la mesa.

RAQUEL: Claro

       Aún te veo

       Correteando por aquí

       Gateando

       Pronto tendremos que poner la calefacción

LUCAS: Cuanto más tarde

RAQUEL: Mejor

       Claro

Vuelve a bostezar.

LUCAS: Y qué haces allí arriba

       A qué jugáis

       A estas alturas

RAQUEL: No te creas

       Él

       No me toca apenas

       A veces estira la mano

Como a una pieza de museo
Una estatua
Expuesta en una vitrina
Nada más
Recreamos el pasado
Eso sí
Los tiempos dorados de la comuna
La antifamilia
El amor libre
Las orgías prescritas
Todos esos disparates
Pasados a la historia

Apura el vaso.

Pero mira
Tenía razón
El modelo de la familia había caducado
Por eso lo combatió
Hacía falta algo nuevo
Algo diferente
Mario era un visionario
Tú lo sabes mejor que nadie
Parecía un sabio
Adelantado a su tiempo
Lo que queda de él
Ahora
Es una pena

LUCAS, *en tono risueño*:

    Y resulta que todos los que nos criamos aquí
    Intentamos ahora construir una familia
    Cada uno su familia
    Su negocio
    Sus hijos
    Su casa
    Su jardín
    Su valla

RAQUEL: Como tiene que ser
    Es ley de vida
    Para vosotros
    Todo eso es lo desconocido
    Lo nuevo
    Lo que queda por explorar
    Hasta que un día

Se levanta.

    A lo mejor

Se acerca a la salida del lado izquierdo.

    Parece que hay alguien en el baño
    Hola

Volviendo a la mesa.

    No
    Parece que no

LUCAS: De todas maneras

Bostezando.

> Tampoco es algo
> Que ahora mismo me

Aparece P<small>EPE</small> a la izquierda, despeinado. Lleva pijama.

R<small>AQUEL</small>: Ah
> Eras tú

Vuelve a sentarse.

P<small>EPE</small>, *enciende la luz***:**
> Qué hacéis aquí
> A estas horas

R<small>AQUEL</small>: Verdad que era un visionario
> Mario

Sonríe.

> Y tú
> Tú también

P<small>EPE</small>, *se va acercando***:**
> No tenéis sueño vosotros

R<small>AQUEL</small>: Y tú

P<small>EPE</small>: Tenía que ir al baño
> Me pongo el despertador
> Si no

R<small>AQUEL</small>: Y luego
> No te cuesta volver a dormir

PEPE, *apoyándose con las manos en el respaldo de una silla*:

> No duermo bien
> La verdad
> Y hoy menos todavía

RAQUEL: Y eso

PEPE: Me preocupa cómo está Mario

RAQUEL: Nos preocupa a todos

Mira brevemente a LUCAS, que responde con un gesto de resignación.

> A mí también me cuesta irme a la cama
> Pensando que guarda una pistola
> Con munición real

LUCAS: Más vale dormir con la puerta cerrada con llave

RAQUEL: Ya lo hago

> Mira quién viene

GREGOR, *entra por la puerta de cristal, vestido como de día*:

> Buenas noches
> Es que
> Tenía insomnio
> Me pasa a menudo últimamente
> Y
> He salido un poco al jardín
> El cielo está precioso
> Y entonces he visto luz

Y

RAQUEL: Pues mira
No eres el único
Ya ves

Sonríe.

Ven
Siéntate con nosotros

GREGOR: Gracias

Se sienta.

RAQUEL: Estábamos hablando de lo de hoy
PEPE: De ayer
RAQUEL: O de ayer
Me imagino la sorpresa
Nada más llegar
El susto que tenía que ser para ti
GREGOR: Hombre
La verdad

Mira un instante al techo.

Creo que fue el primer tiro real
Que presencié en toda mi vida

Apartando la mirada.

De todas formas
No es eso lo que me quita el sueño
Al contrario

Se arrima al respaldo, cruza brazos y piernas, mirando las puntas de sus zapatos.

A decir verdad

Si me hubiesen pegado un tiro en este instante

Mira un momento por la ventana.

Pues

No sé si me habría importado tanto

Lucas, *levantándose de un salto*:

Bueno bueno bueno

Pero cómo os estáis poniendo todos joder

Tampoco es para tanto

Tampoco es una cuestión de

De vida o muerte coño

Pepe, *pensativo*:

Para nosotros sí Lucky

Para nosotros sí

Y lo tienes que entender

Para Mario y para mí

Cada día es una cuestión de vida o muerte

Cada día Lucky

Y vosotros queréis echarnos de aquí

Del único lugar

Donde nos sentimos más o menos seguros

De esta casa que hicimos nosotros

De aquí queréis echarnos

Tú sabes qué significa esto para Mario

Y para mí
Tú no sabes qué significa esto Lucky
A lo mejor
No lo sabes

RAQUEL, *en voz baja*:
Sí
Sí que lo sabe
Lo sabemos todos

PEPE: Pues
No lo parece

LUCAS: Mira
Hablando en plata

Mordiéndose la lengua se da la vuelta, cara a la ventana.

PEPE: Qué Lucky
Qué
Dilo
Somos una carga
Ya lo sé
Lo sabemos
Bueno
Vosotros también lo fuisteis
Hasta hace no demasiado tiempo Lucky
Fuisteis una carga para todos
Y luego os marchasteis
Uno tras otro

Os marchasteis
Buscando vuestra fortuna
Cada uno la suya
Cada uno por su cuenta
Con todo el derecho del mundo
Pero nosotros también Lucky
Nosotros nos quedaremos
Con todo el derecho del mundo
Tened un poco de paciencia
Un poco de decencia

Lucas: No
Puede
Ser
Pepe

Se gira.

No puede ser
Los siento
Lo siento muchísimo
Pero no puede ser

Aparta la mirada.

Raquel: Di algo tú
Raquel: Por eso la alternativa
Para mí
Pasaba por alquilar
No toda la casa

Sólo algunas habitaciones
Pero eso
Con Mario
Tal como está

Se acerca a PEPE *y lo abraza.*

PEPE: Raquel
Tú sabes lo que significa esto para nosotros
Tú lo sabes
A lo largo de mi vida
Puse todo lo que tenía
No queda nada
Sabes

RAQUEL, *soltando el abrazo*:
Lo sé
Lo sé

PEPE: Entonces

RAQUEL: Has tomado tu medicación

PEPE: Pero qué más da

Aparta la mirada.

Buenas noches

Se da la vuelta y desaparece por la izquierda. RAQUEL
vuelve a sentarse.

LUCAS: Qué más da
Tiene razón
Qué más da

Qué más da si toma la medicación
Qué más da si come de puta madre
Qué más da si hace gimnasia cada día
Qué más da si tienes que pensar
Que lo más razonable
Lo más práctico y lo mejor para todos
Sería que la palmes cuanto antes

Mirando a GREGOR.

Y éste
A éste
Qué le pasa

Dando un golpe fuerte en la mesa.

Despierta tío
Joder
Se está quedando frito
El tío
No me lo puedo creer
Aquí en la mesa

GREGOR: No no
Qué va
LUCAS: No no qué va
Claro que sí
Coño
Hace cuatro minutos a punto de pegarse un tiro
Y ahora

RAQUEL: Lucas por favor

GREGOR, *grita*:

> Que no me estaba quedando dormido
>
> Vale

SUSANA, *aparece por la izquierda en camisón, somnolienta*:

> Qué pasa aquí

RAQUEL, *rigorosa*:

> Basta ya

Estirando la mano hacia SUSANA.

> Nada cariño
>
> Te hemos despertado

SUSANA, *entra en la cocina, bostezando. Vuelve con un vaso de agua y se sienta a la mesa*:

> Qué

RAQUEL: Creo que me voy a la cama

> Qué hora es

LUCAS: Yo también

Consulta su reloj.

> Las tres veintidós
>
> Basta por hoy
>
> Estoy agotado

Silencio.

> Bueno pues

RAQUEL: Buenas noches

Se quita la chaqueta. A LUCAS.

      Toma

LUCAS: Quédatela

RAQUEL: Ya no me hace falta

LUCAS: Seguro

Coge la chaqueta. Con un saludo laxo de policía.

      Buenas noches

Desaparece por la izquierda.

RAQUEL, *se levanta y se acerca a SUSANA*:

      Buenas noches cariño

Le da un beso en la frente.

      Necesito descansar yo también

SUSANA: Buenas noches mamá

RAQUEL sale por la izquierda.

      Ha pasado algo

GREGOR: No no

      Este

      Lucas se ha rebotado conmigo

      De repente

      No entiendo por qué

SUSANA, *bebe*:

      Tiene un carácter un poco irritable

      Ya lo tenía de pequeño

GREGOR: Él y Mario

      Y no sé quién más

SUSANA, *con una risa fugaz*:

> Así es
> Son así
> Pero no pasa nada
> No te lo tomes a mal
> Aquí no nos hemos privado nunca de nada
> Sabes

Se levanta.

> Mira

Se acerca a la rampa y se tira un pedo, en dirección al público. Vuelve a la mesa.

> Has visto

GREGOR: Hombre

> Lo he visto
> Lo he oído
> Y lo estoy oliendo joder

SUSANA, *ríe*:

> No no no no no
> No huelen
> Suenan
> Pero no huelen

Vuelve a sentarse.

> Pues mira
> Ya hablas un poco como nosotros
> Hay que ser franco

En lo bueno
Y también en lo malo

GREGOR: Y eso
Forma parte de la filosofía de vuestra comuna

SUSANA: Lo que peor visto está
Ser falso
Todo lo demás
Cualquier cosa
Se puede considerar
Una opción

GREGOR: Regla número uno

SUSANA: Regla de oro

GREGOR: Y qué más

SUSANA: Qué más
Pues que
Hagas lo que hagas
Tienes que regirte siempre por tres preguntas

Contándolas con los dedos.

Es razonable que lo haga
Es práctico
Y es bueno para todos

GREGOR, *con un gesto impreciso hacia los espectadores***:**
Y eso de tirarse un pedo en la cara de la gente
Práctico sí que lo veo
Razonable no sé
Pero tanto como bueno para todos

SUSANA, *inalterada***:**
Pues una cosa es la moral
Falsa siempre

GREGOR, *no escucha***:**
Y coger una pistola
Y pegar un tiro al techo
La verdad
No lo veo por ninguna parte

SUSANA: Olvídate de la moral y de las buenas costumbres
Y céntrate sólo en lo que llamamos
Éxito

GREGOR: Éxito

SUSANA: Exacto
La definición más sencilla del éxito es que
Alguien haya logrado enriquecerse
A nivel personal o colectivo
Da igual
Lo importante es que el éxito se mide
En cifras
En dinero
Cómo se ha hecho este dinero
No importa
Fabricando pan o fabricando armas
Es igual
Respetando el medio ambiente o no
Da lo mismo

Esclavizando al personal o no
Una mierda
Sobornando y dejándose corromper
Todos
Todo da lo mismo
Mientras no se mida el éxito de otra manera

Reflexiona.

Y mi pedo
Fíjate
Ha sido razonable porque este aire me apretaba
Y francamente ha sido lo más práctico expulsarlo de manera inmediata
Y ha sido bueno para todos porque nos ha hecho

Con un guiño casi imperceptible al público.

Despertar
Verdad

Sonríe.

GREGOR: Bueno
Visto así

SUSANA: Dime
Tú crees que existe alguien en el mundo que
En su sano juicio
Prefiere estar enfermo a estar sano

Que prefiere un medio ambiente sucio a uno
limpio
O que prefiere ser inculto a no serlo
No verdad
Por eso la salud el medio ambiente y la edu-
cación
Son bienes para todos

Silencio.

Me escuchas

GREGOR, *poniéndose recto en la silla*:
Sí sí
Lo que pasa es que
Los pedos
Para el medio ambiente

Bosteza.

Perdona pero
No es muy tarde ya

SUSANA: Es verdad

Apura el vaso.

Demasiado tarde tal vez

GREGOR: Una última pregunta
Eso de follar
Los unos con los otros

SUSANA: Ah mira
Eso sí que te interesa

Pues
Un poco de mito
Y un poco de verdad
Para Mario cualquier pareja estable
Ya era una familia en potencia
Y él detesta el concepto de familia
Lo ha combatido siempre
La familia para él
Es el núcleo del mal
Por eso aquí en la comuna
Se ha cultivado siempre

Bostezando.

Cierta promis
Cierta promiscuidad

GREGOR: Y sí yo ahora

SUSANA: Si tú qué

GREGOR, *se sube a la mesa y se tumba, boca arriba. Abriendo los brazos*:

Sí yo ahora
Quisiera

SUSANA: Mira que sois simples los hombres
Pero me parece que tú lo eres especialmente

GREGOR, *estira una mano hacia ella*:

Por favor
Sé indulgente
Con un hombre tan simple como yo

Indulgente y comprensiva

SUSANA: Comprensiva

GREGOR: Sí

Comprensiva

Acabo de perderlo todo

No tengo nada más que perder

SUSANA: Que yo sepa

De momento

Tienes una habitación

Y media pensión

GREGOR: Quiero ser

Tu pinchito de tofu

SUSANA: Mi tofu

GREGOR: Tu tofu

Tu pinchito

SUSANA: No sabes cómo me está poniendo esto

Vamos

GREGOR: Ven

Hagámoslo

Aquí en la mesa

Y luego

Llegado al clímax

Sacas la pistola

Poniéndose un dedo en la sien.

Y me pegas un tiro

Aquí

Eso es lo que yo quiero
Te lo pido
Por favor
No me dejes sólo
Ten compasión
Con un naufrago
Con un trozo de carne
Con un trozo de tofu quería decir
Con tu pinchito solitario
Y tú
Mi lechuguita solidaria
No me dejes sólo
Se indulgente conmigo
Lo he perdido todo
No tengo nada más que perder
Porque yo
Yo sí que creía en la familia
En una familia sólida y fuerte y duradera
Y que luego voló
Que acabó volando por los aires
Mi casa
Mis hijos
Mi mujer
El dinero
Mi cadena de música
Todo

Todo voló por los aires
Cenizas de un gran incendio
Repartidas por todas partes
Todos quemados
Llenos de cenizas y de hollín
Todos llorando
Gritando de dolor

SUSANA: Lo siento
Pinchito

Se sienta en el borde de la mesa y empieza a acariciarle el pelo.

Estás muy triste

GREGOR: Estaba desesperado
Ahora
No
Estoy exhausto
Vacío
En medio de un viejo bosque
Quemado
Cenizas mojadas
Después de una lluvia
Misericordiosa

Se apoya en un codo.

Aquí
Aquí vivisteis de otra forma

SUSANA: Lo intentábamos

Buscábamos alternativas
Y las probamos
Sí
Pero luego

GREGOR: Luego

SUSANA: Luego
Cada uno
Volvió a buscarse una pareja
Y una existencia
Y una casa
Y

Se encoge de hombros.

Mira
Yo también tengo novio
Y estoy
Embarazada

GREGOR: Estás embarazada

SUSANA, *sonríe, asintiendo con la cabeza***:**
Aún no se nota pero
Sí sí
Lo estoy

GREGOR vuelve a tumbarse como antes.

Y tú
Qué sentiste
Cuando tuviste tu primer hijo

GREGOR: Un vuelco
Toda mi vida volcó
Hacia otro lado
Hacia un lado completamente nuevo y desconocido
Y sentí
Que este vuelco era definitivo
Para siempre
Algo para siempre
Para siempre de verdad
Tan verdadero

Señalando el impacto de bala en el techo.

Como este disparo

Bajando la mano.

De pronto
Hay alguien en el mundo
Más importante que tú
Claramente
Decididamente
Irrevocablemente
Más importante que tú
Alguien
Por el que
En cualquier momento
Darías tu vida sin vacilar

SUSANA: Qué bonito

GREGOR: Bonito

No sé

La naturaleza

Supongo

La naturaleza nos ha hecho así

SUSANA: Y tus hijos

Ahora

Están con la madre

GREGOR se tapa los ojos con el antebrazo. SUSANA mira un instante hacia las ventanas.

Hace viento

Oyes

Se levanta y se acerca a las ventanas. Mira al jardín, frotándose los brazos. Bosteza.

Bueno pinchito

Me voy a acostar

Se acerca a la mesa y permanece un momento mirando a GREGOR. Cruza el escenario hacia la izquierda. Antes de salir, se gira de nuevo, lo mira, y apaga la luz. GREGOR sigue inmóvil. Al cabo de un tiempo, la luz en el jardín comienza a subir poco a poco y se escucha el canto de pájaros.

MARIO, *entra desde la izquierda, vestido como el día anterior. Viendo a GREGOR en la mesa, se detiene un instante. Acaba fingiendo un disparo de pistola en su dirección, cruza el escenario y entra en la* *cocina. Vuelve a salir con una manzana y un tazón de té. Con cuidado, deja ambas cosas en la mesa y se sienta. Saca el estuche de los audífonos y se los pone. Guarda el estuche y carraspea fuertemente. Gregor se incorpora sobresaltado:*

No queremos carne muerta en esta mesa

GREGOR, *aturdido:*

Yo

De hecho

Soy de tofu

MARIO, *riéndose:*

De tofu

Muy bueno

Muy

Bueno

Chapó

GREGOR: Lo siento

Disculpe

Se dispone a bajar de la mesa.

MARIO, *carraspeando y tosiendo de vez en cuando como antes:*

Disculpar qué

Gi

Cómo te llamabas

Gi

Algo con ge no

Gi

Li

GREGOR: Frotándose la cara

Po

Llas

Mira por la ventana, estirándose la espalda.

MARIO: Exacto

Siempre se me olvidan los nombres

De hecho

Se me olvida casi todo últimamente

Me empieza a fallar la memoria

Sabes

Una mierda

GREGOR, *bostezando***:**

Una mierda

Pues

Mirando a MARIO.

Buenos días primero

Diría yo

MARIO, *saludando con la cabeza***:**

Muy buenos días

Ha dormido bien

Su majestad

GREGOR: Regular

La verdad

Pone las manos sobre la mesa.

La cama

No

Muy cómoda no ha sido

Siento decirlo

Una mierda

Vamos

MARIO: Oh

Se ha levantado usted

Un tanto transformado

Me parece

GREGOR, *en tono interrogativo*:

Ah sí

MARIO: Al menos es esa mi modesta impresión

Un poco menos gi

Gili

GREGOR: Tofu

MARIO: Un poco menos gilitofu que ayer

Asiente con la cabeza.

Sí señor

GREGOR: Qué hora es

MARIO: Temprano

Falta tiempo para la hora del desayuno

Me despierto siempre sobre las seis

Y comienzo el día con una taza de té

Y una manzana

One apple a day
Keeps the doctor away

GREGOR: En ayunas además
Es cuando mejor sienta

MARIO: Y luego
Me fumo un cigarrillo en el jardín

GREGOR: Fumas

MARIO: Tres al día
La nicotina
Es buena para la memoria
No lo sabías
Son esas cosas
Que nunca se dicen

GREGOR: Aquí cultiváis
Muchas verdades ocultas
Parece

MARIO: Soy biólogo

GREGOR: No eras constructor

MARIO: También
También
Y psicólogo
Y filósofo
Y economista
Y nutricionista
Y pedagogo
También

                    También
                    Y nada de todo esto
GREGOR: Caray
                    Susana me explicó un poco
                    Cómo era la asociación
MARIO, *bebiendo el té a sorbos*:
                    Aquí follábamos mucho
                    Ante todo
                    Follábamos
Pone la mano sobre el tablero de la mesa.

                    Sobre esta mesa
                    No sabes
                    Aquí se montaban unas orgías
                    Lo que ha visto esta mesa
La besa.

                    Carne viva
                    Mucha carne viva
GREGOR: Ya pero
                    Eso
                    No era todo
                    Supongo
MARIO: Te parece poco
                    No sabes cuánto cuesta
                    Luchar contra esta lacra
GREGOR: Qué lacra

MARIO: Las parejas
Las familias
Las posesiones familiares
Un asco
Y una lucha perdida se ve

GREGOR: Perdida

MARIO: Perdida sí
Todos vuelven a emparejarse
El hombre no es más que un autómata
Me da asco el hombre
El hombre con minúsculas

GREGOR: Ya quisiera yo
Ser un hombre con mayúsculas
Pobre gilitofu de mí

MARIO: Primer paso
Déjate de gilipolleces
Tienes pareja tú

GREGOR: Tenía
Me acabo de separar

MARIO: Perfecto
Felicidades
A la mierda con todo

Levanta el tazón.

Salud

Bebe un sorbo.

Qué bonita esta mesa
Recordar cuántos éramos
Veinte
Treinta
Había otras mesas en la sala de al lado
Niños
Adolescentes
Mayores
Todas estas sillas ocupadas
Todos comiendo
Charlando
Ideando cosas nuevas
Maneras diferentes de hacer
De vivir

GREGOR: Y qué pasa con las familias

MARIO: Las familias amigo mío
Son pequeñas empresas
La expresión mínima de lo que es una empresa
convencional
Y las empresas convencionales
Lo único que buscan
Es el beneficio propio

Pausa.

La familia es una entidad cerrada
Egoísta
Ególatra

Mezquina
Tacaña
Se centra en la busca
En la conservación y el aumento del bien propio
Y mientras este modelo no revienta
No hay esperanza de que salgamos de la esclavitud

GREGOR: Esclavitud

MARIO: Lo que oyes
Es
Clavi
Tud
El hombre con mayúsculas
Está hecho para ser libre
Y para ser libre
Tiene que haber igualdad
Siquiera hemos superado el feudalismo coño
Uno hereda una fortuna
Y el otro hereda deudas
Qué clase de justicia es ésta joder

GREGOR: Y entonces
Vuestra propuesta era
Vivir en comunas

MARIO: La primera
A la mierda con el modelo de familia
La segunda

A la mierda con el modelo de familia
Y la tercera
A la mierda con el modelo de familia
Y en estos tres puntos
Que eran los más importantes
Fracasamos
Hasta Susana está pensando ahora casarse con
el padre de su hijo
Un desastre
Vamos
Un auténtico desastre
Que follen
Que tengan hijos
Pero que dejen de hacer gilipolleces
Y no
No
Vuelven a hacer lo mismo
Lo mismo de siempre
Y así se fueron todos

Cambiando de voz.

Me voy a vivir con mi novio
Me voy a vivir con mi novia
Vamos a montar una panadería ecológica
Vamos a montar una planta de compostaje
orgánico

Con voz normal.

Cada uno por su cuenta
Pensando en lo suyo
En los suyos
Pensando en minúscula
Así se fueron todos
Y la asociación daba préstamos para ayudarlos
Préstamos a un interés igual al índice de inflación
No más alto
Porque el dinero
Nunca debería generar más dinero
El dinero se genera trabajando
El dinero se da por hacer
No por tener
Y si se presta
Es porque uno piensa que vale la pena que esto o lo otro se haga
Que es razonable
Que es práctico
Y que es bueno para todos
Y punto

GREGOR, *reflexionando*:

Me gusta
Me gusta lo que dices

MARIO: Ah
Sí

GREGOR: Sí

MARIO: Gilitofu

GREGOR: Eso

MARIO: Aquí me toman por loco

Hace tiempo que piensan que me he vuelto loco

A mí ya me va bien

No me importa

De hecho

Así me siento más libre todavía

Pausa Larga. Abatido.

Fuimos pioneros en todo

Buscamos alternativas para todo

Pero la familia amigo

Con la familia

Sacude la cabeza.

Con la familia

No

Hemos

Podido

Ensimismado, empieza a mordisquear la manzana.
Se apagan las luces. Telón.

ESCENA 4

El mismo decorado, a media mañana, las persianas parcialmente bajadas contra un sol radiante. PEPE, con chándal, sentado a la mesa, los brazos estirados a ambos lados del periódico. No lee. Está muy serio, inmóvil, mirando al infinito. Parece extremadamente centrado en sí mismo y en su percepción momentánea. Inspira una vez muy hondo y expira con un leve suspiro.

RAQUEL, *entra con un ordenador portátil, una carpeta, lápices y un estuche de gafas de lectura. Va vestida de un estilo juvenil, parecido al de su hija. Poniendo las cosas en la mesa. Diligente*:

Has hecho tus ejercicios

Silencio. Agita la mano delante de la cara de PEPE.

Me oyes

PEPE, *la mira un instante*:

Estás muy guapa

RAQUEL: Gracias

Se sienta y organiza sus cosas.

Te pasa algo

PEPE: Por qué

RAQUEL: Te veo muy serio

Lo mira.

Dime

Estira el brazo y pone su mano encima de la suya.

Algo te pasa

Silencio.

Bueno

Retira la mano.

Si no me lo quieres decir

Se pone las gafas.

PEPE: Qué habrá hoy
De comer

RAQUEL: Llama
Susana

Enciende el ordenador. Entra SUSANA, con delantal, desde la cocina.

Qué estás preparando cariño

SUSANA: Crema de calabaza
Ensalada de arroz
Libritos de seitán con salsa de almendras
Y de postre membrillo
Con un toque suave de jengibre

RAQUEL: Perfecto cielo

PEPE: Jengibre

SUSANA: Sí

PEPE: Y con qué

SUSANA: Cómo

PEPE, *se aclara la voz*:
        Con qué
        Rellenas los libritos

SUSANA: Alga nori

PEPE: Muy bien

SUSANA: Pues
        Voy a seguir
        Vale

  Vuelve a la cocina.

RAQUEL, *introduce la contraseña*:
        Siempre encuentra el equilibrio perfecto

PEPE: El jengibre
        A veces
        Calienta mucho el hígado

RAQUEL: Un toque suave
        Ha dicho

  Abre un programa.

PEPE, *cambiándose de postura*:
        Sí sí
        Me parece perfecto

Ha ido aprendiendo muy bien

Silencio.

Qué es
Los números

RAQUEL: Los números
Exacto
Quién se ocupa de esto si no
Ahora bajará Lucas y

Entra LUCAS desde la izquierda.

Ah mira
Otra vez
Hablando del rey de Roma

PEPE finge leer el periódico

LUCAS: He dormido fatal

Se sienta al lado de RAQUEL. Bosteza.

Estoy hecho polvo

RAQUEL: Luego
Si quieres
Te hago un poco de reiki

Bosteza también

Ay
Me lo estás pegando

LUCAS: También me iría bien un poco de lo otro

La coge por la cintura e intenta darle un beso.

RAQUEL, *evitándolo*:

    De lo otro

    Cómo que de lo otro

LUCAS: De lo que me hiciste por primera vez

    Cuando tenía la tierna edad de diecisiete añitos

    Recién cumplidos además

RAQUEL: Sigue forcejeando con Lucas

    Hombre

    Ya era hora

    No

LUCAS: No sé

    Supongo

  Algo exagerado.

    Lo que sí sé

    Es que

    Fue la experiencia más bella de mi vida

    Imposible de olvidar nunca

    Nunca jamás

RAQUEL, *soltándose los rizos*:

    Bueno

    Pero ahora

    Vamos a centrarnos en esto

    Vale

LUCAS: De acuerdo

    Y luego

    Reiki

Pero del bueno eh

RAQUEL: Venga

No seas pesado

Consiente finalmente que LUCAS le dé el beso en la mejilla.

LUCAS: Okay

Vamos

Se frota la cara y mira la pantalla del ordenador.

Eso

Qué es

RAQUEL: Tú qué crees

Mira

Aquí

Aquí

Ves

Lo que son los gastos

El promedio

Mensual

Anual

Y esto

Esto es sólo lo de la casa

LUCAS: Ya

RAQUEL: Y aquí

Espera

No

Aquí

Mierda

Por qué no abre ahora

LUCAS: Haz clic aquí

RAQUEL: Aquí

LUCAS: No

Aquí

RAQUEL: Aquí

No

LUCAS: Tampoco

RAQUEL: No entiendo

No me ha pasado nunca que

Ahora

Ahora

Vale

Ahora sí

No

No es eso

Jo

Der

LUCAS: Qué pasa

RAQUEL: Nada

Lo que te quería

Lo que quería

Lo que quería enseñarte

Espera

Ahora

Aquí
Esto
Eso es
Por fin

Pausa.

Por qué tarda tanto en abrirse

PEPE se levanta lentamente y se pone detrás de RAQUEL.

No lo hace nunca

LUCAS: Y si lo reinicias

RAQUEL: Tú crees

Los tres miran la pantalla, en silencio.

PEPE: Haz clic aquí

RAQUEL: Aquí

PEPE: Sí

Y ahora abre esto

No

Esto no

RAQUEL: Aquí

PEPE: No

Aquí

RAQUEL: Ay Pepe

Me estás liando

PEPE: No

Estás liada

Que es distinto
Ahora en el menú
Aquí
Ves
Qué ponen
RAQUEL: Nada
Tonterías Pepe

LUCAS, *exasperado*:
Pepe
Haz el favor y
Siéntate y lee tu periódico
Vale
Vamos
Ahora
Déjame un momento a mí
A ver
Qué quieres hacer

RAQUEL: Abrir este documento joder

PEPE vuelve a sentarse. Recae en el mismo estado de ánimo que al principio de la escena.

LUCAS: Pero no ves que no lo hace
RAQUEL: Es lo que te digo
Entonces
Déjalo
Déjalo ya
Por favor

No tengo copia de seguridad
Lucas
Déjalo estar
Por favor te lo pido
Que lo dejes te digo
Vale

LUCAS: Mierda

RAQUEL: Ves
Basta
Lucas
Basta

LUCAS: Mira
Es esto

RAQUEL: Sí
Pero para
Para ya
Ya está
Me lo vas a estropear todo
Coño
Sí
Es esto
Vale
Okay
Sí
Sí
Esto es

Joder
Cómo lo has hecho
Lucas: No sé
Probando
Raquel: Llorona
Bueno
Ya está
Ya está

Silencio breve.

Perdona Pepe
Nos hemos puesto nerviosos
Lo siento
Lucas, *poniéndole a Raquel la mano en el hombro*:
Vamos
Tranquilízate
Qué es lo que querías enseñarme
Raquel, *ha sacado un pañuelo. Secándose una lágrima*:
Mira
Esto aquí
Ves

Se suena.

Así sería
En caso de que
Se suena de nuevo.

Ves

Los números verdes
Qué te parece

LUCAS: Pues
Está claro
No

PEPE: Claro
No sé qué veis claro en esos números

LUCAS: Vemos
Lo que puede ser
Y lo que no
Bastante nítidamente además

PEPE, *enojado*:
Nítidamente
En este cacharro
Que ni siquiera sabéis cómo va
Allí no se ve nada
Miradme a mí
Miradnos a nosotros
Y no siempre esas pantallas estúpidas

LUCAS, *a RAQUEL*:
Cuándo vendrá

RAQUEL: Ahora
De hecho
A ver

Mirando el reloj multifuncional de LUCAS.

Es precioso

Este reloj

Es nuevo

LUCAS: Qué va

No lo has visto nunca

RAQUEL: Ya debería estar

Se levanta y mira por las rendijas de la persiana.

Ostras

Abre la puerta al jardín. Llama.

Marga

Margarita

Sale al jardín. Silencio prolongado. LUCAS se distrae probando algunas funciones de su reloj, que emite varios pitidos. PEPE lo observa de reojo. Está muy tenso. RAQUEL vuelve a entrar con MARGA, que tiene unos cuarenta y cinco años. Lleva el pelo corto y canoso. Va vestida con ropa ancha y cómoda, que parece hecha a mano, un pañuelo largo en el cuello y un jersey muy escotado. Lleva un bolso grande en el hombro. RAQUEL cierra la puerta

Y por qué no has llamado al timbre

MARGA: Lo he hecho

Varias veces además

LUCAS se incorpora a medias, aparatosamente.

Tranquilo

No te levantes

Le da dos besos.

RAQUEL: Pues

Aquí no ha sonado

Y se oye bastante fuerte

PEPE, *sin alzar la mirada*:

Mario ha quitado el cable

RAQUEL: Cómo

Que ha quitado el cable del timbre

No me lo puedo

Creer

A MARGA.

Bueno pues

Te presento

Pepe

PEPE la mira un instante.

Él es

Uno de los dos fundadores de la organización

Y Marga

Miembro fundador de ARPA

Una asociación que se dedica al fomento y la
difusión de la pedagogía activa

MARGA, *sin acercarse, sonriente, saludando con la cabeza*:

Mucho gusto

LUCAS: No sería mejor

Que nos fuéramos a la otra sala

RAQUEL: Por qué

No tenemos que esconder nada
Todos sabemos en qué situación estamos
Y todos tenemos la misma obligación
De buscar una solución razonable

Con un gesto a MARGA.

Por favor
Siéntate

MARGA: Gracias

Deja el bolso sobre la mesa y se sienta

PEPE, *recoge el periódico. Sereno, como de otra galaxia*:

No os preocupéis

Levantándose con dificultad.

Ahora me iré yo

Sale por la izquierda. RAQUEL y LUCAS intercambian una mirada.

RAQUEL: Bueno

Sentándose, a LUCAS. Insegura.

Mejor
No

LUCAS: Claro

RAQUEL, *a MARGA*:

Te voy a ser sincera
Y te pido
Muy encarecidamente
Que tú también lo seas con nosotros

MARGA: Evidentemente

RAQUEL: Estamos sufriendo mucho por el tema de la casa

Pepe y Mario

Los dos fundadores de la antigua asociación

Y por tanto

De la fundación actual

Están dispuestos a atrincherarse aquí

Cueste lo que cueste

Será muy difícil sacarlos

Si no

Imposible

MARGA: Lo sé

Lucas me lo explicó todo

RAQUEL: Y vosotros necesitaríais todo el edificio

MARGA: Sí

El tamaño es perfecto

Hicimos un estudio

Habría espacio para todo

Incluso la secretaría

Los baños

Un taller

Y una sala de gimnasia

Nos cabría todo

Puede que más adelante

Nos haría falta algún aula adicional

Pero como la finca es tan grande
Sería fácil colocar módulos de aulas prefabri-
cadas

RAQUEL: Así que no habría ninguna posibilidad
De que Pepe y Mario

MARGA: No creo
Vamos
Ni por ellos
Ni por nosotros
Piensa que aquí
Por la noche
No habría nadie
Y luego
Durante el día
Un centenar de niños
Esperemos
Lo veo muy complicado
A no ser que

LUCAS: Qué

MARGA: El anexo que hay al lado del huerto
No es muy grande
Pero tiene una entrada propia

RAQUEL: Tal como está ahora
Parece un zulo
Más que otra cosa

MARGA: Ya

LUCAS: Por cierto
Qué pasaría con el huerto
MARGA: Nada
Lo mantendríamos tal cual
De hecho
El hecho de que ya exista
Nos va fenomenal
También pensamos tener algunos animales
Gallinas
Un par de burros
Y cabras
LUCAS: Quiere decir
Que el huerto estaría integrado
En el proyecto de la escuela

Se escucha a MARIO carraspear.

MARGA: Totalmente
Como pieza fundamental además
MARIO, *entrando*:
Muy buenos días

Se acerca a la mesa. MARGA se levanta.

Qué
Otra inquilina
RAQUEL: Es Marga
De la asociación ARPA
MARIO: Arpa

MARGA: Sí

MARIO, *repite su saludo militar*:

Acordeón

RAQUEL: Te lo expliqué

Te acuerdas

MARIO: Y por qué tanto escote

LUCAS: Mario

Por favor

MARIO: Tan abrigada

Pero media teta al aire

MARGA se sienta y se tapa provisionalmente con el pañuelo.

RAQUEL: No empecemos

Mario

Te lo suplico

MARIO: Soy un hombre libre

No

Y más aquí

Aquí

En esta casa

Dónde

Si no

Dónde

Dime

No respondes

RAQUEL: Mario

Por el amor de
Entiéndenos

MARIO: Y esa tetona tampoco dice nada
No me gustan los melones
Nunca me han gustado
Me gustan las tetas pequeñas
Firmes
Alegres
Enseña las tuyas Raquel
Que las tienes todavía estupendas

MARGA, *coge su bolso*:
Bueno
Creo que

Se levanta.

RAQUEL: Lo siento

LUCAS, *a MARIO, sacudiendo la cabeza*:
Qué cabrón eres

MARIO, *a MARGA, tocándose la entrepierna*:
Los hombres pensamos sólo con esto
No lo sabías
Aquí
Aquí está nuestro cerebro

Empieza a abrirse la bragueta.

Espera
Te la enseño

Mira

MARGA sale por la puerta de cristal, RAQUEL la sigue. MARIO vuelve a abrocharse la bragueta. A LUCAS.

A ti no te la voy a enseñar

Maricón

LUCAS apoya la cara en las manos. Tiempo. Se escucha un disparo. LUCAS se levanta, haciendo caer la silla.

RAQUEL, *entra corriendo por la puerta de cristal*:

Qué ha sido esto

LUCAS se acerca a la salida del lado izquierdo.

Mario

Qué ha sido esto

Mario

LUCAS sale. RAQUEL intenta abrazarse a MARIO. MARIO se gira y avanza con dificultad hacia la izquierda.

SUSANA, *entrando desde la cocina*:

Qué ha pasado ahora

Vuelve LUCAS. Se queda parado y mira alternativamente a MARIO y a RAQUEL. MARIO sigue avanzando hacia la izquierda.

RAQUEL: Espantada

Qué

Lucas

MARIO se queda un instante inmóvil.

Lucas: Pepe

Raquel: Grita

Pepe qué

Mario sale por la izquierda. Lucas se lleva las manos a la cabeza, abre la boca y rompe a llorar. Susana entra corriendo a la cocina y cierra la puerta de un portazo. Raquel se tapa la boca con las manos.

Lucas

Lucas

Pepe qué

Lucas, *asiente con la cabeza. Casi inaudible*:

Sí

Sí

Raquel: Sí

Se abraza a Raquel y llora desconsoladamente

Gregor, *entrando desde el jardín*:

Buenos días

Se queda un momento parado. Se dirige a la puerta de la cocina y la abre.

Qué hay de

Comer

Desconcertado.

Hoy pensaba

Vuelve, cerrando la puerta.

Quedarme

Mirando a LUCAS y RAQUEL.

Qué pasa

RAQUEL, *llorando***:**

No sé

No sé

MARIO, *vuelve. Avanza con dificultad. Se sienta en un extremo de la mesa, temblando. Mira a GREGOR. Con un hilo de voz***:**

Tofu

GREGOR: Qué

MARIO: Carne

Traga saliva. Sin voz.

Carne

Le tiembla la mandíbula.

Muerta

Señala vagamente hacia la izquierda.

Pepe

GREGOR, *sale por la izquierda. MARIO se cubre la cara con las manos. GREGOR vuelve, con la pistola de MARIO***:**

La tenía

Él

MARIO: La ha cogido

El más imbécil

La ha cogido

El desgraciado

Y se ha ido
Y se ha ido
Sin mí

GREGOR: Hay que llamar
Es que
Tenemos que
Llamar

RAQUEL: A quién

GREGOR, *saca su móvil. Mira alternativamente el móvil y la pistola. Ausente*:
No sé
Alguien
A alguien
No

Permanece inmóvil.

LUCAS: Uno uno dos

GREGOR: Qué

LUCAS: Al ciento doce

GREGOR: Ciento doce

Silencio.

Ah sí
Qué digo

LUCAS, *coge el móvil de GREGOR y marca el número*:
Sí
Buenos días
Sí

Mire

Es que

Es

No logra reprimir las lágrimas. Cuelga.

Mierda

Devuelve el móvil a GREGOR.

MARIO: Mi pistola

Tofu

Dame

RAQUEL, *grita*:

Calla

Imbécil

MARIO, *inaudible*:

Mi

RAQUEL: Que te calles

Que te calles te digo

Llora.

Te quieres callar

Os queréis callar de una puta vez

LUCAS la coge en brazos. RAQUEL llora desenfrena-
damente en su hombro. SUSANA sale de la cocina y
cruza el escenario, sin mirar a nadie. RAQUEL vuelve
a taparse la boca con la mano. Sacude la cabeza,
susurrando.

No

Hija

Susana

Susana

Susana sale por la izquierda. Silencio largo. Vuelve Susana, con un papel en la mano.

Susana

Susana: Mamá

Rompe a llorar.

Raquel, *la coge en brazos***:**

Sí

Hija

Sí

Susana: Mamá

Raquel, *meciéndola***:**

Sí

Sí

Sí

Sí

Susana: Mira

Le da el papel. Raquel lo lee en silencio.

Lucas: Qué dice

Raquel, *lee en voz alta***:**

Levantarse de

De la mesa con

Un poco de

Con un poco de
Hambre todavía
De
Des
Desaparecer

Pasa el papel a LUCAS.

LUCAS, *levantarse de la mesa*:

Con un poco de
Con un poco

Se queda callado. Pasa el papel a GREGOR, tembloroso.

Por favor
Lo

GREGOR, *levantarse de la mesa*:

Con un poco de hambre todavía
Desaparecer
Con un resto de dignidad
Con un resto de curiosidad
Si cabe
Dejar sitio
No ser un estorbo para nadie
No poner resistencia
Ni dejarse corromper
Ser fiel a ti
Hasta el final
Lo siento mucho

Queridos todos
No por mí
Lo siento por vosotros
Mucho más
Infinitamente más
De lo que os podéis
Imaginar
Pepe

RAQUEL, *coge la carta. Llora*:
No
Pepe
Eso no
Eso no
Eso no
No nos hagas eso
Por favor
Por favor
Te lo pido por favor
No nos hagas eso

Sale corriendo por la izquierda. Silencio. LUCAS la sigue. Luego, SUSANA.

MARIO, *mirando de frente, monótono*:
No lo habría abandonado nunca

Pausa.

Él sí
Él

A mí

Sí

Mira un instante a GREGOR.

Dámela

GREGOR, *mirando la pistola*:

No puedo

MARIO: Por qué

GREGOR: Porque no

MARIO: Es mía

GREGOR: Sí

MARIO: Entonces

GREGOR, *mirando el móvil*:

Tenemos que llamar

Tenemos que pedir ayuda

Creo

MARIO: Para qué

GREGOR: No sé

MARIO: No me la das

Entonces

GREGOR, *guarda el móvil*:

No

No te la doy

MARIO: Porque

Eres de tofu

GREGOR: Sí sí

Por eso será

MARIO: De tofu blando

GREGOR: Eso

Eso es

MARIO: No te

No te lo

No te lo perdonaré

Jamás

Silencio. Se apagan las luces. Telón.

ESCENA 5

El escenario igual o muy parecido a cómo estaba al final de la primera escena: sin la pared lateral izquierda; faltan partes interiores como el pavimento y el techo; también los arbustos y demás elementos del jardín han desaparecido. Un día de sol y sombra. Por la puerta de cristal entran RAQUEL, SUSANA, GREGOR *y* MARIO, *en silencio. Visten ropa más formal, de colores apagados.* SUSANA *y* RAQUEL *desaparecen por la izquierda.* MARIO *se sienta en el extremo derecho de la mesa, cara a la sala. Está agotado.*

GREGOR, *indeciso, acaba sentándose en el extremo opuesto. Adopta la misma postura que* MARIO. *Silencio. Con la vista perdida hacia el público*:

Ha sido una ceremonia muy bonita

Tampoco es que haya visto muchas

Pero

Mucha gente

Ciento cincuenta personas seguro

Frunciendo las cejas.

O más

Mirando de manera intermitente a MARIO, que sólo carraspea y tose de cuando en cuando.

Todos los de la comuna
Me imagino
Gente alternativa
De todas las edades
Hasta niños
Hasta bebés
Me ha encantado ver que traían a los críos
Es un error muy grande
Apartar a los niños de todo esto
Creo
Ellos vienen de la nada
Otros van a la nada
Los niños saben perfectamente que
Unos años atrás
Ellos mismos
Tampoco estaban

Silencio.

Y se notaba que había sido alguien muy querido
Muy respetado

Mira unos segundos a MARIO, que está completamente apático.

Tomó una decisión valiente
Tu amigo

Pausa.

No
Valiente no es la palabra
Válida
Es una salida válida
Siempre está allí
Aquella puerta

Silencio.

Gracias a Dios

Silencio. Mirando un instante por la ventana.

Un día precioso

Silencio.

Estoy
Muy agradecido
Sabes
Muy agradecido de haberos conocido
Muy tarde
Eso sí
Pero bueno
Mejor tarde que nunca

Carraspea casi sincrónicamente con Mario.

Por lo poco que sé de vuestra comuna
Me da la impresión de que
Podría haber sido algo
Que yo

Que llevaba buscando por todas partes
Silencio.

Lástima que
Silencio.

Hubiese tenido mucho sentido para mí
Silencio.

Sí
Lo que vivisteis aquí
Tenía sentido
Silencio.

Y eso
Para mí
Francamente
Ha sido algo nuevo
Y sigue siendo algo nuevo porque
Antes
Nada tenía sentido
Sabes
Todo lo que parecía tenerlo
Se desvanecía al poco tiempo
Todo resultaba ser
Vanidad y miedo
Miedo y vanidad
Nada auténtico
Nada sólido

Nada necesario

Silencio.

Como si nadie tuviera fe
Como si nadie creyera
Como si nadie creyera ya
En nada
Ni en los propios sentidos
Ni en los propios criterios
Igual que
En los de
Otros por ejemplo

Silencio.

Íbamos al teatro
Un grupo de amigos
Luego
A la salida
Todos coincidían en que
Les había parecido genial la obra
Buenísima
Indispensable
Absolutamente necesaria
Vamos
Una pieza clave de su época
Todos menos una que
Tal vez sólo por fastidio

Dijo que no
Que no le había gustado un ápice
Y nada más empezar a argumentarlo
Los demás la interrumpían
Diciendo que
Bueno
Que les había gustado pero
Que tampoco dirían que
Era una obra maestra
Ni muchísimo menos
En fin
Que no había sido nada extraordinario
Una obra bien hecha
Eso sí
Pero nada más
Para pasar el rato

Silencio.

En eso se quedó

Silencio.

Aquí
Nadie me ha preguntado
Qué hago
En qué trabajo
Cómo me gano la vida

Ríe brevemente.

Era más importante si comía carne

Silencio.

Sois
Particulares
Como mínimo
Muy particulares
Auténticos diría yo
Íntegros
Con todas sus consecuencias

Silencio.

Analizasteis bien la palabra éxito
Por qué hago lo que hago
Y con qué finalidad
Aunque
Mira
Yo por ejemplo
Yo estuve un tiempo en América Latina

Mira un instante a MARIO.

Soy reportero
Sabes
Y fui con una ONG
A cubrir diferentes acciones humanitarias
Y
Bueno
Una de ellas

Consistía en llevar agua corriente
A unas aldeas remotas de los Andes
Todavía sacaban el agua de unos pozos
Y lavaban la ropa en un pequeño río
Había los que contraían enfermedades a través del agua
Pero resultó que se movilizó un grupo ecologista local
En contra de nuestro proyecto
Diciendo que iba a influir
En toda la vida social de aquellos pueblos
Que giraba precisamente
En gran parte
En torno al agua
Que los pozos y el río
Eran puntos de encuentro muy importantes entre los aldeanos
Y que íbamos a destruir tanto o más
Que lo que queríamos construir
Aparte de que no nos había llamado nadie
Y si buscábamos puestos de trabajo para nosotros
Que lo hiciéramos en nuestros países y
Así
Lo que hicimos finalmente
Fue organizar el suministro de pastillas para potabilizar el agua

Y reducir así las enfermedades relacionadas

Pausa.

Y nos fuimos

Pausa.

Cómo se puede decir de una obra de teatro
Que sea necesaria e imprescindible
Si ni siquiera lo es el agua corriente

Silencio.

Mira
He pensado una cosa
A ver qué te parece
Yo
Primero
Tengo contactos con la prensa
Segundo
Sé escribir
Así que
Qué te parecería si hiciera un reportaje sobre
vuestra comuna
Un reportaje extenso
Con fotos y todo
Toda la historia de la comuna
Desde los inicios
Y luego
La situación actual

Luego
Crear peticiones en las redes sociales
Intentar conseguir la máximo atención y
Luego

RAQUEL, *entrando*:
Qué hacéis

GREGOR: Estamos hablando
Mario y yo

RAQUEL: Escucha
Mario

MARIO no reacciona.

Mario

Más fuerte.

Mario
No oyes

MARIO saca el estuche de audífonos del bolsillo y se los pone.

GREGOR, *lo mira*:
Caray
Así que

RAQUEL, *incrédula*:
No los has llevado en toda la ceremonia

GREGOR: Qué lástima

MARIO: Lástima qué

GREGOR: No has oído nada

Mario: De qué

Gregor: Te estaba hablando un buen rato

Mario: Sí

Eso me parecía

Y qué

Qué decías

Gregor: Nada

Nada

Olvídalo

Se levanta, cruza los brazos y se pone en la ventana, mirando afuera. Sacudiendo la cabeza.

Ni siquiera los discursos

Raquel: Bueno

Mario

Mira

Hemos recibido un correo

Se sienta cerca de Mario.

Nos ha llegado un correo de ARPA

Te acuerdas

Dicen que tienen que empezar a montar la escuela ya

Que se les está echando el tiempo encima

Y que

Si no

Tendrán que decantarse por otra ubicación

Definitivamente

Silencio.

Es la segunda vez que nos ponen un ultimátum
Y seguramente
La última

Suave.

Tenemos que tomar una decisión ahora mismo

Silencio.

Qué les digo

MARIO carraspea.

Les digo que sí

Silencio.

Qué alternativa tenemos

Silencio. Le pone una mano en la rodilla.

Mario
Di algo

MARIO, *débil*:

Y tú

Carraspea.

RAQUEL: Tengo una casa en perspectiva
Es muy pequeña y barata
Pero tiene un poco de jardín
La compartiría con la ex cuñada
De un primo del padre de Susana

Sonríe.

Nos llevamos muy bien

Silencio.

Y tú

Puedes estar con tu hermana

Silencio.

Ella te lo ofreció

GREGOR, *se gira. A* **MARIO**:

Y tus hijos

RAQUEL: Qué hijos

No tiene

GREGOR: No tiene hijos

RAQUEL: No

Padre biológico

No es de ninguno de los de la comuna

Silencio breve.

Caprichos de la naturaleza

Ya ves

Silencio.

GREGOR: Nervioso

Raquel

Mira yo

Yo

Te quiero a ti

Como quiero a Mario

Y a tu hija

Os
Os quiero a todos
Sabes
Y no
No puede ser que
Otra vez
Que otra vez
Cada uno se vaya por su lado
Que todo se estropee siempre
Por algún motivo
Han pasado cosas terribles últimamente
A mí
A vosotros
Pero tengo que reconocer que
A pesar de todo
He estado
Extrañamente feliz
No sé
No sé si es la palabra
O sí
Por qué no
A lo mejor
He estado feliz en estos días
Aquí
Con vosotros
No sé

Igual me lo invento
Pero
Lo siento tanto que
Francamente
Envidio a la gente
Que tuvo el privilegio de pasar años de su vida
Aquí
En esta casa
Con gente tan estupenda como vosotros
Ha sido un gran privilegio conoceros
Y por eso
Debería haber continuidad
No sé cómo
Pero debería haber continuidad
Por el bien de todos
Creo

Raquel: Vaya declaración de amor nos acabas de hacer

Gregor: No es coña

Raquel: Mira

Se pone de rodillas y enlaza las manos. Imitando una oración.

Me casaría contigo ahora mismo
E intentaría ser el mejor padrastro para tu hija
El mejor abuelo para tus nietos
Los trataría como de mi propia sangre
Mario sería el bisabuelo

Sabio testarudo y cascarrabias
Como en los cuentos
Seríamos la familia perfecta
De película
No lo ves

MARIO se saca los audífonos y los guarda.

RAQUEL: Ríe
Sí
Y los domingos
A misa

SUSANA, *entra con una carta. GREGOR se levanta de un salto:*

Mamá

RAQUEL: Qué
Cariño

SUSANA: Mira
Ya tenemos fecha

RAQUEL: Fecha para qué

SUSANA: Hombre
Para qué será

Le entrega la carta. Desaparece la pared del lado derecho. MARIO lo observa.

RAQUEL: Febrero

SUSANA: Sí
Antes imposible

Pasándose las manos por la barriga.

Entonces ya no se podrá disimular

RAQUEL: Seguro que no
Pero también depende del vestido

SUSANA: Me ayudarás tú
Verdad

RAQUEL: Coño
Tú
Qué crees
Si quieres
Hasta te lo coso

Le da un beso.

SUSANA: Y no te pesará
Ser abuela
Tan joven

RAQUEL: Qué dices
Me encantará

GREGOR: Y yo
Qué hago

RAQUEL: No tienes a nadie tú
Por aquí cerca

GREGOR: Mis hijos

SUSANA: Por cierto
Aún no los hemos visto
Por qué no los has traído un día
Qué edades tienen

GREGOR: Mira

Saca el móvil y abre una aplicación.

Tengo dos niñas
Acaban de hacer seis años
Mellizas

Enseña unas fotos.

SUSANA: Qué guapas
Son monísimas

GREGOR: Y un niño de cuatro

RAQUEL: Ay Señor
Qué mono
Es precioso

SUSANA: Qué suerte
Es guapísimo
La verdad

RAQUEL: Los tienes
Muy pequeños todavía

GREGOR, *cerrando la aplicación*:
Sí
Aún son bastante pequeños

Silencio.

No sé
A lo mejor
Me buscaré algo cerca
Cerca de ellos
Quiero decir

Raquel: Sería lo mejor
Cuanto más cerca
Mejor

Gregor: Ya

Desaparece la pared del fondo. Todos permanecen inmóviles y en silencio. Tiempo. Mario se levanta y sale del escenario. Susana se gira y desaparece también. Raquel se recoge el pelo, lo ata con una goma y comienza a recoger las sillas, cantando una canción andaluza. Gregor guarda el móvil y se va. Cuando prácticamente todas las sillas están recogidas, regresa, vestido de calle, con su maleta con ruedas y la bolsa grande.

Raquel: Ya estás

Gregor: Sí

Raquel: Qué rápido

Desaparece la mesa de comer. El escenario desnudo como al principio.

Gregor: Ya lo tenía todo preparado

Raquel: Bueno

Gregor: Tenía un resto de esperanza
Hasta el final
Pero

Raquel: Yo no
Cuando pasó lo de Pepe
Sabía que ya no había nada que hacer

De todas formas

Podrías haberte quedado hasta el último día del mes

GREGOR: Es mañana

RAQUEL: Ah sí

Tienes razón

No lo había pensado

Ya estaremos en noviembre

Pausa.

GREGOR: Mira

Nunca te lo he dicho pero

Yo

Soy reportero sabes

Hice la carrera de periodismo

Y tuve la suerte de poder trabajar largos años en esto y

Aún mantengo muchos contactos que

Podría aprovechar para intentar publicar un amplio reportaje sobre vosotros

Con fotos y todo

RAQUEL: Ya no Gregor

Lo que tenía que salir de este proyecto

Ya salió

Las ideas son tortuguitas que corren hacia el mar

Unos

Se los comen los pájaros
Otros
Los peces
Pero bueno
Esta es su habitad

Pausa.

A Mario al final le pudo su impaciencia
Y su testarudez

Pausa. Se encoge de hombros.

En fin

Silencio.

GREGOR: He comido muy bien
RAQUEL: Sonríe
Sí
Me alegro
GREGOR: Muy sano
RAQUEL: Mucho tofu
GREGOR: Tofu
Sí
Bastante
Pero me gustó
Parece soso
Pero luego
También tiene su sabor
Depende del acompañamiento

RAQUEL: Claro

Como apenas tiene sabor propio

Silencio breve.

GREGOR: Una lástima perderlo

El acompañamiento

Quiero decir

Da un largo abrazo a RAQUEL.

Gracias por todo

RAQUEL: Gracias a ti

Y

Lo siento

Siento que no ha podido ser por más tiempo

GREGOR: Lo sé

Le da otro abrazo.

Adiós Raquel

RAQUEL: Adiós Gregor

Cuídate

GREGOR coge su equipaje y se va. Silencio. RAQUEL, pensativa, se saca la goma del pelo y se lo suelta con las manos. Mientras, da unos pasos y acaba poniéndose en medio de la boca del escenario, de espaldas al público. Con un suspiro fuerte.

Dios

Contempla un tiempo el escenario vacío y escucha su silencio. Poco a poco comienzan a escucharse los sonidos propios de un colegio, a la hora del patio. Entra PEPE, en calzoncillos, arrastrando el pantalón, que lleva en la mano. Los calzoncillos y el pantalón, manchados de excrementos. Se para un instante y alza el pantalón para evaluar la gravedad de su percance. Luego se pone al lado de RAQUEL, cara a la sala. Entra MARIO, con una vieja caja de cartón en las manos y una bombilla en la boca. Se pone al otro lado de RAQUEL, siempre cara a la sala, y guarda la bombilla en la caja. Entra GREGOR con su equipaje. Se detiene en medio del escenario, mirando arriba y a su alrededor. Luego se pone al lado de MARIO. Entra SUSANA, se pone al lado de PEPE, pasándose suavemente las manos por la barriga. Entran LUCAS, con su cazadora y el reloj multifuncional, y MARGA, tapándose con el pañuelo cuidadosamente el escote, y se ponen a ambos lados. Finalmente, RAQUEL se da la vuelta, todos se cogen de las manos y se inclinan. Se apagan las luces y los sonidos. Telón.

Este libro,
impreso
los talleres de Gráficas Arrels
de la ciudad de Tarragona,
fue terminado
el día 20 de marzo de 2025

Volums publicats:

Textos a part
Teatre clàssic

Textos a part
Teatre per a joves

Textos aparte
Teatro pera jovenes

Textos aparte
Teatro contemporáneo